महाभारत की कहानियाँ

इंद्रप्रस्थ नगरी

सुभद्रा सेन गुप्ता

Om KIDZ
An imprint of Om Books International

परिवार के ज्येष्ठों भीष्म, धृतराष्ट्र एवं विदुर ने मिलकर पाँचों पांडव भाइयों तथा कुंती एवं द्रौपदी का हस्तिनापुर में स्वागत किया। भीष्म बहुत अधिक प्रसन्न थे कि वे सभी जीवित हैं किंतु धृतराष्ट्र को प्रसन्नता नहीं हुई।

भीष्म ने पांडवों से कहा, "मुझे ऐसा लगता है साम्राज्य को दो भागों में बाँट देना चाहिए। चूँकि धृतराष्ट्र हस्तिनापुर पर शासन कर रहे हैं, इसलिए युधिष्ठिर को नए राज्य का राजा बनाना उचित होगा।"

पांडवों को एक नया राज्य दिया गया, जिसकी राजधानी इंद्रप्रस्थ थी। हालाँकि पांडव एवं कौरव दोनों ही इस नए राज्य से प्रसन्न नहीं थे। आधा राज्य हाथ से निकल जाने के कारण दुर्योधन बहुत दुःखी था और भीम को ऐसा लग रहा था कि उन लोगों का नया राज्य बहुत छोटा है।

इस बीच, अर्जुन कृष्ण के साथ द्वारका की यात्रा पर थे जहाँ उनकी भेंट कृष्ण की बहन सुभद्रा से हुई। अर्जुन को सुभद्रा से प्रेम हो गया। जब परिवार के बड़े उन दोनों के विवाह के लिए तैयार नहीं हुए, तो अर्जुन ने सुभद्रा का हरण कर लिया। कृष्ण ने इस मामले का बीच-बचाव किया और उनका पक्ष लेते हुए अर्जुन एवं सुभद्रा का विवाह करवाया।

इंद्रप्रस्थ में सुभद्रा का स्वागत बड़े ही धूमधाम से हुआ और कृष्ण नए राजा युधिष्ठिर के सलाहकार बन गए। कृष्ण ने युधिष्ठिर को कई महलों वाली एक नई राजधानी बनाने और राजसूय यज्ञ का आयोजन करने की सलाह दी।

राजसूय यज्ञ एक अग्नि अनुष्ठान है, जिसमें एक शक्तिशाली राजा अन्य राजाओं को आमंत्रित करता है। आमंत्रण प्राप्त राजा आयोजन में शामिल होकर उस शक्तिशाली राजा का सम्मान करते हैं। कृष्ण यह जानते थे कि इस यज्ञ के साथ ही युधिष्ठिर एक शक्तिशाली राजा के रूप में सम्मानित हो जाएँगे।

युधिष्ठिर ने असुरों के वास्तुकार माया को बुलावा भेजा और उसे पांडवों के लिए एक विशाल महल बनाने का आदेश दिया। अर्जुन ने माया से कहा, "हमारे लिए एक ऐसा महल तैयार करो जैसा इस पूरे पृथ्वीलोक पर किसी ने पहले न देखा हो।"

शीघ्र ही माया ने उन्हें वैसा ही एक महल तैयार करके दिखाया। यह महल संगमरमर पत्थर से बना था और इसकी दीवारें तथा खम्भे क़ीमती पत्थरों से सुसज्जित थे। इस महल का फ़र्श जगमग पत्थर से बना था, जो जल से भरे तालाब की तरह प्रतीत होता था।

माया ने पांडवों को एक ऐसा कक्ष दिखाया जिसका फ़र्श ठोस संगमरमर से बना दिखाई पड़ रहा था लेकिन वास्तव में वह जल से भरा एक तालाब था।

माया ने कहा, “हे महामहिम! मेरे इस मायावी महल में चलते हुए आपको बहुत ही सावधानी बरतनी होगी। यहाँ आप तालाब में गिरकर भीग भी सकते हैं!”

राजसूय यज्ञ वाला दिन आ गया। माया द्वारा निर्मित महल बहुत भव्य था और अलग-अलग राज्यों के राजाओं ने इंद्रप्रस्थ आकर सम्मानपूर्वक युधिष्ठिर के सामने अपना सिर झुकाया।

कौरवों ने घूम-घूम कर पूरा महल देखा और प्रशंसा की। उनके मन में पांडवों की इस उपलब्धि को देखकर ईर्ष्या हुई। दुःशासन ने दुर्योधन से कहा, “भैया, इस अलौकिक महल के सामने हमारा महल तो कुछ भी नहीं।”

दुर्योधन ने उस कक्ष को देखा जिसका फ़र्श जल के तालाब की भाँति चमक रहा था। उसने सोचा, *यह जल है* और उसपर चलने से मना कर दिया। अर्जुन उस ओर से हँसते हुए निकल रहा था। उसने कहा, “आह, भैया दुर्योधन! यह संगमरमर है, जल नहीं। आप मूर्ख बन गए!”

अगले दिन दुर्योधन एक ऐसे कक्ष में गया जो वास्तव में एक तालाब था। दुर्योधन ने सोचा कि यह संगमरमर है और वह उस कक्ष में प्रवेश कर गया। प्रवेश करते ही वह जल में गिर पड़ा। द्रौपदी ने जल में गिरते हुए दुर्योधन को देखा और जोर-जोर से हँसने लगी।

क्रोधित दुर्योधन ने अपने भाइयों और शकुनि को बुलाया और कहा, "पांडवों ने हमारा अपमान करने के लिए ही यहाँ आमंत्रित किया है। हमें यहाँ से तुरंत चलना चाहिए!"

दुर्योधन ने कहा, “दुःशासन, मैं पांडवों को इस तरह समृद्ध एवं शक्तिशाली होते हुए नहीं देख सकता। हमें इस इंद्रप्रस्थ को उनसे लेना होगा।”

दुःशासन ने सुझाव दिया, “चलिए, हम शकुनि मामा से ही इसका कोई मार्ग ढूँढ़ने के लिए कहते हैं ताकि पांडवों से उनका साम्राज्य छिन जाए।”